Julius Lessing

Muster altdeutscher Leinenstickerei

Julius Lessing

Muster altdeutscher Leinenstickerei

ISBN/EAN: 9783743357358

Hergestellt in Europa, USA, Kanada, Australien, Japan

Cover: Foto ©Andreas Hilbeck / pixelio.de

Manufactured and distributed by brebook publishing software
(www.brebook.com)

Julius Lessing

Muster altdeutscher Leinenstickerei

Muster altdeutscher Leinenstickerei

gesammelt von

Julius Lessing

Zweite Sammlung 4. Auflage.

Berlin Franz Lipperheide 1882

Der Haupttitel ist von Adolf Schill gezeichnet, der Einzeltitel von H. Cuthmer, die Figur desselben von E. Ewald.

Leipzig. Druck von Otto Dürr.

Muster

altdeutscher Leinenstickerei.

Musterbücher
für
Weibliche Handarbeit.

Herausgegeben von der

Redaction der Modenwelt.

✳ ✳ ✳

Zweite Sammlung.

Muster altdeutscher Leinenstickerei,

ges. von Julius Lessing. II.

Vierte Auflage.

✳

Berlin, Franz Lipperheide.
1882.

Einleitung zur zweiten Sammlung.

In der ersten Sammlung der Muster altdeutscher Leinenstickerei sind die Muster veröffentlicht, welche in der deutschen Leinenstickerei seit dem Mittelalter her im Gebrauch waren und ihre reichste Ausbildung im 16. Jahrhundert erfahren hatten. Diese älteren Muster sind streng dem quadratischen Gefüge des Gewebes eingeordnet, daher etwas eckig und angewiesen auf einen eng begrenzten Kreis strengstilisirter Formen. Dieselben sind aber mit der Art der Arbeit so eng verwachsen, daß sie die Veränderungen des Geschmacks durch Jahrhunderte überdauert und sich in ununterbrochener Weitervererbung zum Theil bis in unsere Tage hinein erhalten haben. Es bedurfte nur der Zusammenstellung und einer bequemen Zugänglichkeit, um ihnen die Allgemeingültigkeit wieder zu sichern.

Von dieser älteren und besten Art der Muster haben sich nach Veröffentlichung der ersten Sammlung noch manche in alten Stickereien und Musterbüchlein gefunden, welche in der vorliegenden zweiten Sammlung im Wesentlichen auf Tafel 10 bis 14 zusammengestellt sind.

Einige der wichtigsten Muster mittelalterlicher Kelchtücher sind dem Vorstande des Museums schlesischer Alterthümer in Breslau Herrn Dr. Luchs, und dem Herrn Domvicar Dr. Friedrich Schneider in Mainz zu verdanken.

Alle diese älteren Muster sind stichweise genau, ohne irgendwelchen Zusatz oder Veränderung, den Originalen nachgezeichnet.

Mit diesen strengeren Mustern fand sich nun bereits am Ende des 16. Jahrhunderts, besonders aber im 17. und 18. Jahrhundert, der allgemeine Geschmack nicht vollständig befriedigt. Man behielt diese Muster zwar bei, aber daneben suchte man nach einer reicheren Entfaltung von Blatt- und Blüthenwerk; man wünschte von den beliebten, geschwungenen Formen der späteren Renaissance auch für die Leinenstickerei etwas zu gewinnen. Die Muster wurden reich, anspruchsvoll und nicht selten unklar; der eigentlich naive Reiz der älteren Leinenstickerei ging darüber verloren und mit diesem dann auch schließlich die Lust an der ganzen Technik.

Wir haben aus dem 17. und 18. Jahrhundert neben den zufällig erhaltenen Stickereien ein sehr ausgiebiges, geradezu vollständiges Material in den Musterbüchern. Das 17. Jahrhundert „Modelbuch" genannt, unter denen die von Hans Sibmacher in Nürnberg, erschienen 1597, 1601 und 1604, die bekanntesten sind. Sibmacher's Muster finden sich während des ganzen Jahrhunderts mannigfach nachgedruckt, ganz oder theilweise benutzt.

Das Original über eine der Nachbildungen befand sich um die Mitte des Jahrhunderts im Verlag des Kunsthändlers Paulus Fürst in Nürnberg, dessen Tochter Rosina Helena Fürstin mit Zuhülfenahme dieses Materials drei neue, zwischen 1660 und 1680 veröffentlichte Modelbücher gestaltete.

Im Anfang des 18. Jahrhunderts erschienen ebenfalls in Nürnberg in Christoph Weigel's Verlag eine ganze Reihe solcher Stick- und Strick- und Nähbüchlein, deren Herausgabe auch zum Theil von Frauen, wie Margaretha Helmin, Margaretha Krausin, besorgt ward.

Zwei andere Modelbücher sind in der Mitte des 18. Jahrhunderts in der „Christoph Rieg=
lischen Wittib Kunst und Buch Laden unter der Veste" in Nürnberg erschienen.

Alle diese und manche andere Modelbücher derselben Art enthalten vorzugsweise Muster, welche
auf quadratischem Netz mit ein oder zwei verschiedenen Zeichen hergestellt sind und deshalb ohne
Weiteres in unseren Tagen als Muster für Leinenstickerei in Anspruch genommen worden sind.

Der Verfasser hat schon in der Einleitung zur ersten Sammlung darauf hingewiesen, daß dies
unrichtig ist. Bei den betreffenden Mustern ist an die einfache Leinenstickerei, wie wir sie jetzt wie=
der treiben, am allerwenigsten gedacht. Die reichen, vollen Musterborten sind vielmehr für Borten=
wirkerei berechnet, „Cadengewürk", wie es in den Titeln heißt, welches hergestellt wurde auf starken,
auf dem Bandwirkerrahmen straff nebeneinander gespannten Kettfäden. Die Anzahl dieser Fäden ist
z. B. bei Sibmacher meistens angegeben; es heißt dort Model in „12" oder „20 Gängen". Die
Kette wurde ganz bedeckt durch die Schußfäden, welche mit kleinen Handschützen gobelinartig ein=
gezogen und mit einem Kamm festgeschlagen wurden. Da hierbei der Grund ebenso mühsam her=
zustellen ist als das Muster und keine besondere Geltung beanspruchen kann, so nimmt man das
Muster natürlich so voll als möglich, was auch für die Verfestigung der Fäden das bequemere ist.
Umgekehrt müssen dagegen die Muster für Leinenstickerei so lose sein, daß der schöne Leinen=
grund seine Geltung behält.

Viele andere Muster der Modelbücher sind für Arbeiten in Filet oder auf ausgezogenen
Fäden berechnet. Auch diese müssen schwer und voll sein, da sie in dem losen Filet die festen Stellen
bilden müssen.

Endlich sind viele Muster für Strickarbeit berechnet, besonders die Blumen für Strumpfzwickel.
Auch diese dürfen nicht allzu lose sein, da sich einzelne Maschen nicht hinreichend von dem Grunde
abheben würden.

Es stellt sich also heraus, daß dieses verführerisch reiche Material, welches so mancher wohl=
meinende Zeichner ohne Weiteres copiren zu dürfen glaubte, nur in den wenigsten Fällen direct
für die Leinenstickerei verwendbar ist.

In früheren Zeiten konnten die Frauen, welche nach den Modelbüchern arbeiteten, fußend
auf altererbter Tradition, selbst die Umgestaltungen vornehmen, welche nöthig waren, um das
Muster der einen Technik für eine andere Technik zu verwerthen. In alten, uns erhaltenen Arbeiten
sind diese Beispiele hierfür nicht selten. Nach Maßgabe solcher Beispiele hat nun der Verfasser aus
den Modelbüchern der Rosina Helena Fürstin, Weigel, Riegl ꝛc. die schönsten und brauchbarsten
Muster ausgewählt und für die Leinenstickerei umgestaltet. In den meisten Fällen genügte es,
die zu schweren Massen zu durchbrechen und in feinere Gliederung aufzulösen; eigentliche Zusätze
waren selten nöthig und beschränkten sich meist auf die halben Stiche, welche die schweren Blüthen
wie Staubfäden umspielen, und deren weitere Ausbildung den arbeitenden Frauen dringend zu
empfehlen ist.

Von den Blumenmustern sind nur solche übernommen, welche streng stilisirte phantastische
Blüthen zeigen; die eigentlich naturalistischen Blumenmuster, an welchen die späteren Modelbücher
reich genug sind, blieben völlig ausgeschlossen.

Benutzt wurden für diese Sammlung ferner, ebenso wie für die erste Sammlung, einzelne
nahverwandte slavische und italienische wie einzelne, ganz neugebildete Muster, welche aus den
Ateliers der „Modenwelt" hervorgegangen sind.

Berlin, im Juli 1879.

Prof. Dr. Julius Lessing,
Director der Sammlung des Deutschen Gewerbe-Museums.

Vorwort der Redaction.

Indem wir auch die zweite Sammlung von Mustern der Leinenstickerei der Oeffentlichke t übergeben, möchten wir den einleitenden Worten des Herrn Professor Lessing noch Einiges hinzu= fügen in Bezug auf unsere Anordnung, wie auf die Anwendung und Zusammenstellung der ver= schiedenen Muster.

In der „Modenwelt" fortwährend bemüht, bei jedem Muster, das über die gewöhnliche Form der Bordüren hinausgeht, durch Darstellung desselben zu einem Gegenstand auf seine Verwendung besonders hinzuweisen und soviel als möglich die Phantasie zu eigenem Schaffen anzuregen, haben wir in der Schlußtafel auch der vorliegenden Sammlung einige Beispiele angeschlossen. Die hochstehenden Einzelfiguren (Blumen und Bäumchen) auf den ersten fünf Tafeln, welche Herr Professor Lessing als ursprünglich für Strumpfzwickel bestimmte Vorlagen nachweist, wurden nicht nur in dieser Anordnung, sondern als Schmuck für Decken, zur Ausstattung von Cravaten und Schürzen, zu Tauftleidchen, länglichen Beuteln und Taschen, zu Mappen u. dgl., selbst zu Möbeln und Vorhängen (Zug=Gardinen), immer wieder von Neuem in unserer Zeitung in Erinnerung gebracht. Auf der Schlußtafel der vorliegenden Sammlung zeigen wir mit der Decke 210 eine von Herrn Professor Lessing entworfene Anwendung der großen Bäume, welche, wie ersichtlich, mit Carreaux wechseln und beliebig durch schmale Bordüren oder auch Hohlnähte miteinander zu ver= binden sind. Das Handtuch 214 stellt die hohen Bäumchen an breiter Bordüre dar. Die kleineren schrägen und geraden Bäumchen erscheinen wiederholt als Einzelzierung, wie als Abschluß breiter Borten zu den verschiedensten Dingen, besonders auch zu Schürzen jeder Gestalt (Latz=, Wirthschafts= und Blusenschürzen) für Erwachsene und Kinder, zu Unterröcken, Staub= und Frisirmänteln, Wester= Verzierungen rc. rc., ohne hier Decken, Handtücher und Vorhänge (siehe auch Nr. 215 der Schluß= tafel) zu erwähnen.

Auf den Tafeln 7 und 8 zeigen die Bordüren 63-64 und 69-70, wie man einzelne bäumchen= ähnliche Figuren geschickt zu Bordüren zusammenstellen kann und zugleich, wie aus einer solchen Figur auch ein Carreau zu bilden ist. In ähnlicher Weise gelten die Muster 75-78 auf Tafel 9 als Beispiel, das Mittelstück aus den Figuren der Bordüre hervorgehen zu lassen, und eine geübte Hand wird in Abb. 76 eine Vorlage finden, auch andere Einzelfiguren zur Bordüre und Ecke wiederum zur Ecke zu gestalten.

Die vielen einzelnen Carreaux verschiedener Größe bedürfen, wie die Bordüren, an dieser Stelle kaum eines besonderen Hinweises; dagegen möchten wir der Tafel 12 noch einige Worte widmen. Dem Carreau 101 fügen wir mit 102 noch eine Figur hinzu, die sich in gleicher Weise zum Carreau gestalten läßt. Die kleinen Bordüren mit vorspringender Ecke, 103 und 104, erhielten in der „Modenwelt" ihren Platz als Taschentuch=Verzierungen; sie stammen jedoch aus einer größeren Decke, auf der sie einen sehr breiten Randsaum markiren, in dessen Ecke vier, fünf und mehr der kleinen Rosetten aneinander gereiht erscheinen. Zahllose Variationen der besonders auch für Kissen empfehlenswerthen Ausstattung liegen nahe; wir wollen nur den durchgehends mit schrägen Rosetten=

ſtreifſchen geſchmückten Rand erwähnen. Die große Ecke 105 bietet Verwandtes; erſcheint doch auch ſie gewiſſermaßen als Abſchluß eines Saumes, in den die Verzierungen von der Querleiſte aus übergehen können; dieſes Muſter iſt auch ohne Seitenabſchluß als fortlaufende Randverzierung zu geſtalten und erhält in dieſem Falle das beliebig auf etwas höheren Stiel zu ſtellende Blümchen 106 als nach oben gerichtete Verzierung in beliebigen Zwiſchenräumen.

Den Eckfiguren der Tafel 13, eine ſchätzbare Vermehrung der reichen Auswahl in der erſten Sammlung, haben wir in der, mit Filetarbeit zuſammengeſtellten Decke 212 der Schlußtafel eine originelle Anwendung gegeben und damit zugleich einen Anhalt für die Geſtaltung eines Carreau aus jeder beliebiger Eckfigur. Die wieder von Herrn Profeſſor Leſſing entworfene Decke 211 gilt noch der Vereinigung von Ecken zu einem größeren Mittelſtück und läßt der Phantaſie weiten Spielraum für die Verbindung mit ſchmalen Hohlnähtchen, welche alle einzelnen Theile der wir-kungsvollen Zuſammenſtellung einſchließen können.

Ueber die unbegrenzte Anwendung der Bordüren eingehend zu ſprechen, würde uns zu weit führen. Die hier und da ausgeführten Ecken lehren die einfache Art der Eckbildung überhaupt; wir erwähnen hier noch als weſentliches Hülfsmittel den Eckſpiegel, der ohne vorherigen Entwurf der Zeichnung Rechenſchaft giebt, wie ſich die Hauptlinien des Muſters geſtalten; die kleinen Ver-änderungen der einzelnen Zwiſchenfiguren ſind dann leicht aus freier Hand hinein zu zeichnen. Ueber Abſchluß mit feſtem Rand und Bäumchen verſchiedener Art belehren unſere Muſter, indem ſie die freie Zuſammenſtellung begünſtigen, ſtatt feſte Vorſchriften zu machen. Die größere Anzahl von Bäumen auf Tafel 19·21 ſind reiches Material, zum Theil Anregung für Variationen zum An-ſchluß an breitere Bordüren, nach Angabe der Vorlagen 158, 160, 170-172 und nach dieſen beliebig an einer, wie an beiden Seiten der Bordüre anzubringen. Tafel 17 enthält eine Reihe von Bordüren, welche beſtimmt ſind, frei in Stoff, ohne Begrenzung, Eintheilungen o. dgl. zu vermitteln.

Die Tafeln 22·25 gelten einer Reihe von Grundmuſtern für Schuhe, Taſchen, Decken und Teppiche, Fußbänke, Seſſel und Stühle ꝛc., kleine Pleins für Weſten, Cravaten u. dgl., wie die „Modenwelt" zahlloſe Gegenſtände veröffentlicht. Wir zeigen an 204, wie ſich die umfaſſende Bor-düre aus dem Grundmuſter entwickelt, und mit den Vorlagen 207 und 208, wie man ein Grund-muſter zur Bordüre geſtalten oder aus einer Bordüre das Grundmuſter gewinnen kann. Zugleich möchten wir darauf hinweiſen, daß die kleinen Figuren der Pleins ebenſogut zu Bäumchen-Ver-zierungen aneinanderzureihen ſind, nach Art der Vorlagen der Tafeln 5·8, als auch dieſe letzteren wieder zu größeren und kleineren Pleins ſich verarbeiten laſſen. Abb. 209 der Schlußtafel gilt einer empfehlenswerthen Anwendung größerer Grundmuſter für Decken, während die Vorlage 214, — gleich 215 ſo gut zu Vorhängen wie zu Handtüchern geeignet, - indem ſie zunächſt die Ver-vollſtändigung des Muſters 170 veranſchaulicht, zugleich ein neues, weites Feld eröffnet für die Zuſammenſtellung breiter Verzierungen aus Grundmuſtern, Bordüren und hohen Bäumchenfiguren. Das Handtuch 215 der Schlußtafel dient zur Anregung, mit Bordüren und Bäumchen auch einzelne Roſetten oder Carreaux zuſammenzuſtellen und ſo auf einem Handtuch, einem Vorhang oder einer Büffetdecke die breiten Zwiſchenräume zu füllen, welche beliebig auch Sinn- und Kern-ſprüche aufnehmen können. Die Abb. 215 zeigt an zuſammengelegter Büffetdecke eines der etwas trauſen ſpäteren Muſter, Abb. 68 der Tafel 8, welches, in der Mitte ſich begegnend, über einer breiten Stoffeinfaſſung mit Abſchluß von gehäkelter Spitze angebracht iſt.

Die Redaction der Modenwelt.

Verzeichniß der Muster.

Ueberſicht über die Herkunft der Muſter.

Die zum Satz der Muster benutzten Typen eigener Erfindung sind zum Schutze gegen Nach-ahmung auf Grund des Musterschutz-Gesetzes für das Deutsche Reich am 3. Mai 1877 unter Nr. 452, am 5. Juni 1877 unter Nr. 496, am 11. März 1879 unter Nr. 1532, am 7. April 1879 unter Nr. 1595 in das Muster-Register des Königlichen Stadtgerichts zu Berlin eingetragen worden.

Die Verlagshandlung.

Prospect.

Musterbücher für weibliche Handarbeit.

Herausgegeben von der Redaction der Modenwelt.

Muster altdeutscher Leinenstickerei.

Erste Sammlung.

Gesammelt von Julius Lessing.
Fünfte Auflage.
25 Tafeln mit 239 Mustern und 16 Seiten Text.
Großes Quart-Format.
In Mappe. Preis 5 Mark oder 3 Gulden Ö. W.

Zweite Sammlung.

Gesammelt von Julius Lessing.
Dritte Auflage.
26 Tafeln mit 208 Mustern und 7 Anwendungen derselben, sowie 12 Seiten Text.
Großes Quart-Format.
In Mappe. Preis 5 Mark oder 3 Gulden Ö. W.

Dritte Sammlung.

Alphabete 2c. und Anleitung zur Herstellung doppelseitiger Stickstiche.
Gesammelt und herausgegeben von der Redaction der Modenwelt.
Zweite Auflage.
25 Tafeln mit 27 Alphabeten 2c. (143 Mustern) und 26 Anwendungen der Muster, sowie 32 Seiten Text mit 74 erläuternden Abbildungen.
Großes Quart-Format.
In Mappe. Preis 6 Mark oder 3 Gulden 60 Kr. Ö. W.

Von den vielen anerkennenden Besprechungen lassen wir hier nur einige wenige folgen.

. . . . „Es war eine gewaltige Verwilderung eingerissen in der Kunstübung der weiblichen Handarbeiten. . . . Das Oesterreichische Museum für Kunst und Industrie hat vor Jahren schon begonnen, auch auf diesem Felde reformirend zu wirken. Es sorgte für eine neue Herausgabe des Sibmacher'schen Stichmusterbuches aus dem Jahre 1597; es gab eine Sammlung von Originalstichmustern der Renaissance heraus, welche unter Anderem auch eine Collection prachtvoller Muster aus venetianischen Stichbüchern aus den Jahren 1563 und 1568 enthielt. Aber diese Bestrebungen hatten nicht die erwartete weit ausgreifende Wirkung, und das wohl darum nicht, weil diese Publicationen dem großen Damen-Publicum nicht leicht genug zugänglich waren. Da wurde die Sache von einer anderen Seite resoluter, practischer und glücklicher in die Hand genommen, und zwar von Seiten der „Modenwelt". Nachdem Professor Julius Lessing die alten Muster wieder aufgesucht, ordnete und vertheilte die Redaction des genannten Blattes das vorhandene Material, mit Einem Worte, sie redigirte in wahrhaft musterhafter Weise. Der Erfolg, den die Muster hatten, war ein außerordentlicher. Die Damenwelt hatte unter Mustern sehr erlauchter Herkunft zu wählen. Zu dem rein sachlichen Interesse gesellte sich das künstlerische Moment und die Freude an der Curiosität. Man konnte sich mit geringer Mühe die Halskraufe der englischen Königin Jane Seymour nachmachen, wie sie von Holbein auf einem Bildnisse mit authentischester Treue überliefert worden ist. Das war denn doch eine interessante Beschäftigung und weder schwieriger noch theurer, als die an irgend ein albernes, styl- und geschmackloses modernes Motiv gewandte Mühe. Die „Modenwelt" hat sich das große Verdienst erworben, eine tiefgreifende Reform angebahnt zu haben auf dem Gebiete der Handarbeiten in den deutschen Familien. Auf Handtüchern, Servietten, Schutzdeckchen, Tischdecken u. s. w., überall tauchen die hübschen, das Auge des Laien, sowie das des Kunstfreundes und Kenners erfreuenden Muster ihrer Sammlung auf. Die Redaction hat nunmehr die in ihrer Zeitung erschienenen Muster gesammelt und vermehrt und in einer überaus zierlich und geschmackvoll ausgestatteten Gesammt-Publication, zu welcher Julius Lessing das sachgemäße, gediegene Vorwort geschrieben, erschienen lassen und sich so für neuerdings um den Dank des feinsinnigen Damen-Publicums verdient gemacht. Die ersten zwei Auflagen waren in kürzester Zeit aufgekauft, so daß unser sympathischer Gruß nun für die dritte zurecht kommt."

Wiener Sonn- und Montags-Zeitung.

2

... „Die von Professor Julius Lessing beigefügte Einleitung enthält eine interessante Geschichte der alten Leinenstickerei, um deren Wiederbelebung sich derselbe im Verein mit der Redaction der „Modenwelt" ein großes Verdienst erworben hat. Die Muster sind treu nach den vorhandenen Originalen aus dem fünfzehnten bis siebzehnten Jahrhundert wiedergegeben und zum größten Theil von Gemälden berühmter Maler aus jener Zeit entnommen, was zugleich für ihren künstlerischen Werth spricht ... Wie die Form der Darstellung als vollendet zu bezeichnen, ist auch die typographische Ausstattung glänzend."

Vossische Zeitung. — Berlin.

... „Die vorliegende Mappe bildet eine Abtheilung der „Musterbücher für weibliche Handarbeit", welche die Redaction der „Modenwelt" herausgiebt; sie ist zusammengestellt aus einzelnen Blättern, die zumeist vorher als Extra-Beilagen der „Modenwelt" erschienen. Durch eine neue Art Buchdruck-Typen eigener Erfindung der Redaction ist es gelungen, mit der vollen Wirkung der Stickerei, sogar in verschiedener Abtönung, eine ausgezeichnete Klarheit und Schärfe der einzelnen Stiche zu erzielen, so daß die Damen dieselben leicht nachzählen und nacharbeiten können."

Deutsche Zeitung. — Wien.

Bei Gelegenheit des Erscheinens der dritten Sammlung brachte das Feuilleton der „Wiener Deutschen Zeitung" vom 25. August 1880 folgenden größeren Artikel.

Die Wiederbelebung der farbigen Leinenstickerei.

Schon vor einem halben Jahrtausend, im vierzehnten Jahrhundert, war es Sitte, die zu Zwecken des Haushaltes dienende Leinewand mit farbiger Stickerei zu versehen. Seiden- und Sammetstickereien waren meistens auf Leinewand gearbeitet. Aber nicht allein in solchen Fällen, wo sie nur als Unterlage diente, sondern hauptsächlich da, wo die Leinewand selbständiger Gebrauchsgegenstand war, wurde dieselbe mit bunten Stickereien verziert. Man hatte das Bedürfniß erkannt, den monotonen weißen Flächen des Gewebes bei Tisch-, Bett- und Leibwäsche durch farbige Decoration eine dem Auge wohlthuende Abwechslung zu geben, aber vom Beginne fast schon des achtzehnten Jahrhunderts an war dieser schöne Gebrauch beinahe ganz verschwunden und statt dessen die Weißstickerei zur herrschenden Mode geworden. Während im Mittelalter Königinnen und Prinzessinnen selbst das zu ihrer Ausstattung bestimmte Leinenzeug in solcher Weise verzierten, würde vor einigen Jahren noch eine Hausfrau kaum geneigt gewesen sein, ihren Schatz an „reinlichem Linnen" einer solchen Umwälzung preiszugeben, der er allerdings durch die Wiedereinführung der alten Sitte unterworfen gewesen wäre.

Nur in wenigen Gegenden, und auch da nur in der nationalen Arbeit, hat sich die farbig decorirte Leinewand ununterbrochen erhalten, zum Theil in einfachem Gewebe, zum Theil in Stickerei. In Tirol, bei slavischen Völkerschaften, in Dalmatien, an der unteren Donau bei den Siebenbürger Sachsen, in Polen und in Rußland wird die Leinewand noch heute mit der Hand bestickt, in Schweden auch bunt geweht. Nicht minder erhielt sich in Italien und Spanien die farbige Verzierung der Leinewand Jahrhunderte hindurch; speciell aus letzterem Lande sind nur sehr wenige Muster bis jetzt erhalten geblieben, dagegen wird die alte Kunst, sogar die schwierigste Art des doppelseitigen Kreuzstiches, fort und fort fleißig geübt in den nördlichen Provinzen Brasiliens. Die slavischen Muster, welche den verschiedenen vielfach ähnlich sind, haben neuerdings durch die von Lay, Fischbach und Stassof veröffentlichten Sammlungen besonders in Rußland großen Beifall und weite Verbreitung gefunden. Sie sind dort sogar als Grundlage eines nationalen Kunststiles für Flächenmuster ausgenommen worden.

Für den Sache ferner stehenden mögen hier zunächst einige Notizen über die Technik der Arbeit Platz finden. Während die Anwendung des Stielstiches oder des Plattstiches die Ausführung jeglicher Art von Mustern gestattet, ist es beim Kreuzstich in Folge seiner eckigen Art nicht möglich, schön geschwungene Linien zu bilden. Daher muß man sich bei demselben mit einigen wenigen Blätter- und Blüthenformen begnügen, die immer wiederkehren. Hierzu kommen noch höchstens einige ganz naiv gezeichnete Thierfigürchen, welche keinen Anspruch auf Naturtreue machen können. Nur die Zubehülfenahme von einzelnen halben Stichen ermöglicht eine gewisse Leichtigkeit und Mannigfaltigkeit.

Der Waschbarkeit wegen können die Muster nur in Einer, höchstens zwei bis drei Farben zur vollen Wirkung kommen, da nur schwarzes, blaues und rothes, allenfalls noch gelbes Garn in echter Farbe zu haben sind. Doch wird auch das gelbe oft unansehnlich, und das schwarze Garn erweist sich erfahrungsmäß wenig haltbar; aus allen alten, sonst wohlerhaltenen Stickereien ist dasselbe wie Zunder herausgefallen, so daß nur die beiden, durch Jahrhunderte erprobten Farben Blau und Roth übrig bleiben, welche sich glücklicherweise gerade besonders schön von dem weißen Untergrunde der Leinewand abheben. -

Die ältesten noch erhaltenen Muster aus dem vierzehnten und fünfzehnten Jahrhundert sind sämmtlich streng dem quadratischen Korn des Gewebes eingeordnet. Ihre reichste Ausbildung erfuhren die Muster zur Zeit der Renaissance, also im sechzehnten Jahrhundert. Gegen Ende desselben begnügte man sich jedoch nicht mehr mit diesen strengen Formen. Man stickte sowohl figürliche Scenen, wie

Bordüren und spitzenartige Ornamente der Leinewand ein; beide Arten versuchte man dann auch in der Damastweberei nachzuahmen, und auch im siebzehnten und im achtzehnten Jahrhundert strebte man in contournirender Weise allerlei Figuren und Ornamente in die Leinewand. Die immer reicher ausgeführten, mehr naturalistisch gewordenen Muster erhielten ein anspruchsvolles und häufig unklares Gepräge; der einfache Stil ging immer mehr verloren, und die Muster wurden so barock, daß die Neigung für die dadurch viel mühsamer gewordene Technik nach und nach schwinden mußte.

Das k. k. Museum war es, welches zuerst, vor nun fast fünfzehn Jahren, versuchte, die schöne alte Kunst wieder zu Ehren zu bringen, indem es (Wien 1866) eine neue Herausgabe des Sibmacher'schen Stickmusterbuches vom Jahre 1597 bewerkstelligte und beinahe ein Jahrzehnt später eine Sammlung von Original-Stickmustern der Renaissance (Wien 1874) herausgab. Ersteres war allerdings wegen der meist sehr complicirten Muster mehr für Bortenwirkerei und Stickerei in verschiedenen Farben berechnet, als für Leinewand, für welche losere Muster gebraucht werden, damit der Leinengrund seine Geltung als einheitliches Ganzes behält. Im Jahre 1878 ferner gab Em. Drahan mit Unterstützung des k. k. Ministeriums für Unterricht sechs Hefte Stickmuster aus den im Besitze des österreichischen Museums befindlichen alten Mustern heraus.

Die Anregung zu diesen Publicationen war hauptsächlich von Jakob von Falke ausgegangen, welcher überhaupt den ersten Anstoß zu einer energischen Propaganda gegeben und in seinen Schriften mit großem Eifer für die Wiedereinführung der farbigen Leinenstickerei eintrat. Bereits in seinem Werke „Die Kunst im Hause" (Wien 1871), sowie später in einem sehr bemerkenswerthen Aufsätze über „farbig decorirte Leinewand" in der zu Berlin erscheinenden „Illustrirten Frauen-Zeitung" (in der Nummer vom 7. Juni 1875) machte er die deutsche Frauenwelt auf die Nothwendigkeit einer farbigen Ausstattung des Tisches und besonders der Speisetafel aufmerksam.

Oesterreich gebührt überhaupt die Ehre, zuerst, und zwar nicht nur nach dieser speciellen Richtung, sondern im Wege für die Kenntniß der Bedeutung der Frauenarbeit gebahnt zu haben. Die Wiener Weltausstellung vom Jahre 1873 hatte zum ersten Male der Frauenarbeit eine eigene Stätte angewiesen, die dadurch Gelegenheit gegeben, in den friedlichen Wettkampf der Völker einzutreten, und die Möglichkeit eröffnet, den verschiedenen Arten der Technik an der Hand der Geschichte ihren Ursprung nachzugehen, sowie Einsicht von deren Werth, der Verwendbarkeit und der geographischen Herkunft zu nehmen. Erst war es, die große hohe Bedeutung der farbigen, decorativen Kunst sich wieder Geltung verschaffte. Mit Beschämung gewahrte man in den geheimen Vorräthen der prachtvollen, künstlerisch ausgeführten farbigen Stickereien aus dem Orient, aus Rußland und aus Schwedens Bauernhäusern gegen die bei uns zur Alleinherrschaft gelangte, selbst bei reichster Anwendung monotone Weißstickerei.

Die Schulen, deren tiefgehendes Wirken auf Geschmack und Kunstsinn noch viel zu gering angeschlagen wird, bemächtigten sich des noch zu Tage geförderten Materials, und drei Jahre später finden wir den Einfluß der Wiener Weltausstellung bereits practisch verwerthet in der Kunst- und Kunstgewerbe-Ausstellung zu München vom Jahre 1876.

In der Abtheilung für Frauenarbeit ragten besonders die Leistungen der Fachschule (weibliche Industrie-Schule) von Fräulein Mathilde Jörres mit ihren, in altdeutscher Art ausgeführten Handtüchern, Taschentüchern, Decken und Tischtüchern hervor, welch letztere, aus quadratischen oder langen, durch Spitzen und Borten-Einfässe verbundenen Theilen bestehend und mit rothen und blauen Ornamenten, Wappen und Inschriften besteckt, von höchst originellem decorativen Wirkung waren. Aehnliche Resultate lie-

Altrömische Toiletten-Gegenstände aus Pompeji.

Einladung zum Abonnement.

Illustrirte Frauen-Zeitung.

Ausgabe der „Modenwelt" mit Unterhaltungs-Blatt.

Begründet am 1. Januar 1874.

Preis vierteljährlich M. 2.50
(1 Gulb. 50 Kr. Oe. W.).

Haarfrisur und Jet-Collier.

Jährlich erscheinen:

24 Nummern mit Toiletten und Handarbeiten, enthaltend gegen 2000 Abbildungen mit Beschreibung, welche das ganze Gebiet der Garderobe und Leibwäsche für Damen, Mädchen und Knaben, wie für das zartere Kindesalter umfassen, ebenso die Leibwäsche für Herren und die Bett- und Tischwäsche; — ferner finden die Handarbeiten in ihrem ganzen Umfange die eingehendste Behandlung: Bunt- und Weißstickerei jeder Art: Applicationen-, Gold- und Silberstickerei, Ausnäh-Arbeit, spanische und Renaissance-Stickerei; Altdeutsche Leinenstickerei; Leinenstickerei in Kreuzstich und verschiedenen doppelseitigen Stickstichen; Geflecht- und Schnurstich-Stickerei; Näh- und Spitzen-Arbeit; Spitzenstich in Mull und Tüll ꝛc.; irische Spitzen-Arbeit, geklöppelte

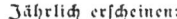

Spitzen; Durchzug in Tüll, Durchbruch n Leinewand ꝛc.; die verschiedensten Tapisserie-, Strick-, Häkel-, Frivolitäten-, Filet-, Filet-Guipure-, Knüpf- (Macramé-) und Rahmen-Arbeiten; Netz- und Lederritz-Arbeit, Holzmalerei; Passementerien und Phantasie-Arbeiten jeder Art.

Besuchs-Anzug.

12 Beilagen mit etwa 200 Schnittmustern für alle Gegenstände der Garderobe und etwa 400 Mustervorzeichnungen für Weiß- und Buntstickerei, Soutache ꝛc, sowie zahlreichen Namens-Chiffren, Monogrammen und ganzen Alphabeten in Kreuzstich und Weißstickerei.

12 Große farbige Modenbilder mit aufgedruckter Beschreibung der Toiletten.

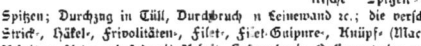

24 **Illustrirte Unterhaltungs-Nummern** von zwei bis zweieinhalb Doppelbogen, enthaltend Novellen, ein reiches Feuilleton, 24 große Portraits berühmter Zeitgenossen, Verschiedenes, Kunstgewerbliches, Frauen-Gedenktage, einen Neuigkeits Bericht, „Aus der Frauenwelt", einen illustrirten Moden- und Toiletten Bericht, Neue Handarbeiten, Wirthschaftliches und Briefmappe.

Alle 14 Tage erscheint eine Moden-Nummer mit entweder einer Schnittmuster-Beilage oder einem farbigen Modenbilde, und eine Unterhaltungs-Nummer.

Begründet Neujahr 1874, zählt die „Illustrirte Frauen-Zeitung", zusammen mit der bereits seit sechzehn Jahren bestehenden „Modenwelt", nunmehr 520,000 Abonnenten. Allein mit dieser Auflage in deutscher Sprache ist sie die verbreitetste aller Zeitschriften des In- und Auslandes. Die außerdem in zwölf fremden Sprachen erscheinenden Uebersetzungen der deutschen Original-Ausgabe zählen weitere 502,000 Abonnenten, sodaß der Einfluß der „Illustrirten Frauen-Zeitung" sich auf alle civilisirten Völker der Erde erstreckt.

Obwohl die Unterhaltungs-Nummer der „Illustrirten Frauen-Zeitung" nur alle 14 Tage erscheint, bringt dieselbe bei ihrem gegenwärtigen Umfange von jährlich 40 Doppelbogen größten Folio-Formates an Erzählungsstoff soviel, wie fast neun Romanbände, — an Feuilleton Artikeln und in den Rubriken Verschiedenes, Kunstgewerbliches, Frauen-Gedenktage, Aus der Frauenwelt, Die Mode, Neue Hand-

Handtuch mit gestickter Figur.

arbeiten, Wirthschaftliches, Briefmappe weiterhin soviel, wie fast zwölf Romanbände, so daß, — die Moden-Nummern mit den Schnittmustern und die farbigen Modenbilder abgerechnet, — die Zeitung weniger kostet, als das Lesegeld in der Leihbibliothek für die gleiche Anzahl von Bänden beträgt. Dabei sind die jährlich über 350 Illustrationen (nicht selten seitengroße Holzschnitte), die zu dem Besten zählen, was auf diesem Gebiete geleistet wird, gar nicht mitgerechnet.

Die Ausgabe mit allen Kupfern, Preis vierteljährlich M. 4.25 (2 Guld. 55 kr. Oe. W.), bringt außer den Moden-Nummern sammt Schnittmustern und den Unterhaltungs-Nummern jährlich 36 **Große farbige Modenbilder,**

12 **farbige Kostümbilder** und

12 **farbige Kinderbilder.**

Maikäfer fliege!

Abonnements werden jederzeit angenommen bei allen Buchhandlungen und Postämtern.

Die Expedition der Illustrirten Frauen-Zeitung in Berlin.

Flamingos am Strandsee El Bahira in Tunis.

ferte bei diesem Anlasse die Münchener Frauen-Arbeitsschule (Director Kriegbaum), eine Schöpfung des Münchener Volks-bildungsvereins, und auch die Ausstellung des Kloſters Seligen-thal gab daſſelbe Streben kund.

Allwärts unter den gebildeten Ständen begann nun die Theil-nahme an farbiger Ausſchmückung des Weißzeuges ſich zu regen, und ſie wurde unterſtützt durch die wiederholte neue Ausgabe älterer Muſterſammlungen, von denen wir außer den oben er-wähnten Publicationen des Oeſterreichiſchen Muſeums noch die beiden nachfolgenden anführen: Sibmacher's Neues Modelbuch. Nach der Ausgabe von 1604 herausgegeben von J. D. Geor-gens (Berlin 1874) und H. Cocheris, Patrons de broderie et de lingerie du XVIe ſiecle (Paris 1872), nach den in der Mazarin'ſchen Bibliothek aufbewahrten Originalen.

Denſelben Beſtrebungen ſchloſſen ſich auch einige wenige Leinen-fabriken an. Leider machte ſich hierbei die Umſtand geltend, daß die heutige Leinewand lange nicht von der guten Qualität der alten iſt. Außerdem hatten die Fabriken manche techniſche Schwierig-keit in der lingerie zu kämpfen; denn bei Decken, Tafelüchern ꝛc. entſtand durch die ſich kreuzenden Fäden der Vordüren in den Ecken ſtets doppelte Stärke der Farben, was höchſt ſtörend wirken mußte. A. Küfferle in Wien fertigte zur Eröffnungs-Ausſtellung des neuen Oeſter-reichiſchen Muſeums in Wien im Herbſte 1871 ein großes Tafel-tuch mit rother Bordüre an. Die Decoration war jedoch nur in den beiden Längeſeiten eingewebt; bei den Schmalſeiten war dieſelbe durch Stickerei hergeſtellt. Dieſer Verſuch war aber zu theuer, um Nachahmung zu finden. Joſ. Meyer in Dresden fand endlich nach vielen Bemühungen einen Answeg durch eine ge-ringe Vorrichtung am Webſtuhl, welche den Leinſtücken von den Ecken abfällt. Gleichzeitig fand auch die überwiegliche Firma Regenhart & Raymann dieſelbe Löſung und brachte zur Weih-nachts-Ausſtellung des Oeſterreichiſchen Muſeums 1874 ein paar große Tafeltücher mit Borten, bei welchen die Spuren der zu über-windenden techniſchen Schwierigkeiten nur noch für den Kenner bemerkbar waren. Auch das Kunſtgewerbehaus in München bemühte ſich neuerdings, unter Nachahmung der alten gothiſchen Leinentücher mit eingewebten farbigen Borten zu geben, die bis in's ſechzehnte Jahrhundert hinein hergeſtellt worden waren, während A. Müller in Berlin Leinentücher und dergleichen ebenfalls mit eingewebten farbigen Borten fabricirt.

Von journaliſtiſchen Unternehmungen war es beſonders die „Modenwelt", welche ſeit einer Reihe von Jahren durch häufige Wiedergabe der alten, guten Muſter einen Umſchwung auch auf dem ſticheriſchen Gebiete herbeizuführen trachtete. Wir erwähnen z. B. einer ſehr intereſſanten Decke aus Luther's Zeit, die im Januar 1872 erſchien, und welcher bald darauf einige der ruſſiſchen Haus-Induſtrie entnommene Muſter für Tiſch- und Handtücher, dann ſpäter noch Motive altdentſchen Stils zu ähnliche Zwecke folgten.

Nach dieſen verſchiedenen Vorgängen begannen auch die kunſt-gewerblichen Kreiſe Berlins ſich lebhafter für die Sache zu intereſ-ſiren, in erſter Linie Profeſſor Dr. Julius Leſſing, der Di-rector der Sammlung des Kunſtgewerbe-Muſeums daſelbſt. Er ſtellte der Redaction der „Modenwelt" die reichen Schätze des Muſeums, ſowie das von ihm ſelbſt Geſammelte zur Verfügung. Letztere unterzog ſich der Aufgabe, dieſes Material und Ge-

eignetes aus ihren eigenen Veröffentlichungen und Vorräthen zu ordnen und herauszugeben.

Früher hatte man die Muſter durch die, aus den Moden-Zeitungen alten Stils noch bekannten Buchdruck-Typen mit verſchiedenen Zeichen für die Farben dargeſtellt; ſodann war die „Modenwelt" dazu übergegangen, durch Holzſchnitt die Arbeit deutlicher zu ver-anſchaulichen, aber erſt für die Herausgabe der älteren Muſter erfand die Redaction eine eigene Darſtellung derſelben, die an Klarheit alle früheren Methoden weit übertraf. Durch dieſe neue Art der Wie-dergabe wird die volle Wirkung der Kreuzſtichſtickerei auf dem Leinengrund erreicht; jeder einzelne Stich hebt ſich klar und ſcharf ab; ſogar drei bis fünf Nuancen treten deutlich hervor, und dabei wird das Auge nicht ermüdet, wie bei dem Druck in Farben, der für den erſten Anblick beſticht, aber beim Nacharbeiten bald verwirrt. Sicherlich hat dieſe glückliche Darſtellung der Muſter weſentlich dazu beigetragen, der alten Kunſt anf's Neue leichteren Eingang zu verſchaffen.

Die Damenwelt, durch die erhaltenen Anregungen auf dieſem Gebiete bereits aufmerkſam geworden, empfing nun in gratis der „Modenwelt" beigelegten Extra-Blättern (zuerſt im Mai und No-vember 1877) die ſorgfältig geordneten Muſter, und ſo kam die alte Arbeit wieder in Aller Hände. Der Erfolg war ſo bedeutend, daß die alle Muſter der Extra-Blätter vereinigt in Mappen erſchienen, verſehen mit trefflichen hiſtoriſchen Einleitungen Profeſſor Leſſing's, denen wir auch Manches für die vorliegende Skizze entlehnten. Die erſte Sammlung hat bisher vier, die zweite zwei Auflagen erlebt, enthält außer 27 verſchiedenen Alphabeten aus alten Muſterbüchern (die in Beſitze der Redaction der „Modenwelt" ſich befinden) im Anhang aus verſchiedenen Muſterbüchern Deutſchlands und Oeſterreichs, ſowie einer ſorgfältig ausgewählten Sammlung von hundert, Tiſch- und Wettmäßche geeigneten Sinnſprüchen und 74 Abbil-dungen illuſtrirte Anleitung, die Leinewand auf beiden Seiten gleich-mäßig zu beſtichen, nach einer unlängſt (von der Redaction durch verwirrt. Sicherlich hat dieſe neue Art der „Modenwelt" erfundenen einfachen und practiſchen Methode, welche dieſem Zweige der weiblichen Handarbeit ganz neue Bahnen eröffnet.

Wien und ſpeciell unſerem Mitbürger Jakob von Falke ge-bührt das Verdienſt, zuerſt auf die alte Angelegenheit Kunſt wieder aufmerkſam gemacht zu haben. Das Oeſterreichiſche Muſeum war für ſie gewiſſermaßen die neue Pflanzſtätte. Berlin hat indeß bis Verdienſt, die practiſche Verwerthung und allgemeine Propaganda auf Deutſchland und weit darüber hinaus an wirkſamſten betrie-ben zu haben, namentlich durch die koloſſale Verbreitung der „Moden-welt". Dies Weltblatt in eigentlicher Sinne des Wortes erſcheint nämlich gegenwärtig in einer Auflage von faſt 300,000 Exemplaren in deutſcher, und einer noch höheren Auflage in fremden Sprachen und ſo vermag daher eine beſtimmenden und maßgebenden Einfluß auf Mode, auf Wiederbelebung eines reinen Stils in der Frauen-Arbeit auszuüben.

Die „Iris", die fünfzehn Jahre lang in Graz erſchienen und ſpäter nach Wien überſiedelt war, im Jahre 1864 einge-gangen, entbehrt Oeſterreich leider derartiger Zeitſchriften in gutem Stil. Wir müſſen uns einſtweilen damit tröſten, daß wir wenigſtens, ſoweit es künſtleriſches Wirken und die Anregung zu Silberarbeits-rungen betrifft, auch im Gebiete der weiblichen Handarbeiten durch unſer Oeſterreichiſches Muſeum voranmarſchiren. h.

4

Muster altitalienischer Leinenstickerei.

Erste Sammlung.

Bordüren etc. und Anleitung zur Herstellung verschiedenartiger Stickstiche.

Gesammelt und herausgegeben

von

Frieda Lipperheide.

30 Tafeln mit 56 Mustern, sowie 32 Seiten Text mit 81 erläuternden Abbildungen.

Großes Quart-Format.

In Mappe. Preis 6 Mark oder 3 Gulden 60 Kr. Ö. W.

Soeben erschienen!

Aus den soeben erschienenen ersten Besprechungen führen wir das folgende an:

. . . . „Zu den trefflichen „Musterbüchern für weibliche Hand-arbeit", mit welchen die Redaction der „Modenwelt" so epoche-machend auf dem einschlägigen Gebiete auftrat, hat sich soeben ein neues Werk gesellt: „Muster altitalienischer Leinen-stickerei", gesammelt und herausgegeben von Frieda Lipperheide. Sowie seiner Zeit die „Muster altdeutscher Leinenstickerei" eine fast vergessene Handarbeit wieder zu neuem Leben erweckten, so wird auch das jetzt vorliegende Werk der hochverdienten Heraus-geberin sicherlich den Anstoß geben, einer herrlichen, von Frauen-hand zu übenden Kunst erneuerten Aufschwung zu verleihen. Zu ihrer überaus sorgfältigen Arbeit, die sowohl von den Rücksichten des feinen Geschmacks wie der practischen Verwendbarkeit geleitet wurde, wählte die Verfasserin das Schönste und Edelste aus, was überhaupt von italienischer Leinenstickerei auf uns gekommen ist. Die ersten Museen Deutschlands, sowie das Oesterreichische Museum für Kunst und Industrie gaben ihre Schätze her, die noch wesentlich vermehrt wurden durch prächtige Beiträge aus altem Familienbe-

sitze und aus der eigenen reichen Sammlung der kunstsinnigen Heraus-geberin. Frauen von Bildung und Geschmack werden diese äußerst sauber ausgeführten Tafeln, die nebst einem erläuternden Text 81 Abbildungen bringen, nicht betrachten können, ohne den Wunsch zu empfinden, auch selber sich an den herrlichen Arbeiten zu ergötzen, und wenn man berücksichtigt, in wie hohem Werthe unsere Haus-frauen gerade ihre Leinenschätze halten, so weiß man jetzt auch, mit welcher Weihnachtsspende ein aufmerksamer Gatte seine schönere Hälfte besonders erfreuen kann."

„Vossische Zeitung". — Berlin.

. . . . „In eingehender Weise führt unser Musterbuch in die An-fertigung ein und erschließt in feinsinniger Art das Verständniß der eigenthümlichen Schönheiten der Vorlagen. Auch dieses Musterbuch ist füglich wieder eine Schule des Geschmackes für unsere Frauenwelt..."

Dompräbendat Friedr. Schneider im „Mainzer Journal".

Jede Sammlung ist einzeln zu haben; es besteht also keine Verbindlichkeit zur Abnahme des Weiteren. — Ueber den Inhalt der folgenden Sammlungen werden wir s. Z. Bericht erstatten.

Berlin, December 1881.

Die Verlagshandlung von Franz Lipperheide.

Druck von Otto Dürr in Leipzig.

Tenernsticferei, gez. v. Tering. II. 4. Maß.

Muſtertücher der Ackermann. 11.

Feinſtickerei. gef. v Krönig. 11. 1. Aufl.

13.   14.   15.   16.

17.   19.

18.   21.   22.   20.

23. 24. 25. 26.

27. 28. 29.

30. 31. 32.

Sammelstickerei, gef. v. Coling. II. 4. Aufl.

91. 92. 93. 94. 95. 96. 97. 98. 99. 100.

101.

106.

102.

105.

105.

104.

Steinen Bildstrei. gest. v. Frising. II. 4. Heft

Illustrierbuchet der Modenwelt. LI.

109.

112.

108.

111.

110.

107.

Leinenstickerei, grl. v. Lessing. II. 4. Aufl.

Wiederricht der Altertumsth. II.

155.

156.

157.

161.

160.

163.

159.

158.

162.

Mufterbücher der Woldemars. II.

Sticereiindustrei, geb. v. Leffing. II. 4. Aufl.

Muſterbücher der Modenwelt. II.

Seidenstickerei, gest. v. Keßing. II. 4. Aufl.

171.

172.

Leinenstickerei. gel. v. Leipzig. II. 4 Aufl.

202.

203.

204.

211.

215.

Leinenweberei, gez. v. Kreuzig. II. 4. Aufl.

209.

212.

213.

214.

216.

Musterbücher der Modewerk. II.